AF579579

# CATALOGUE

DU

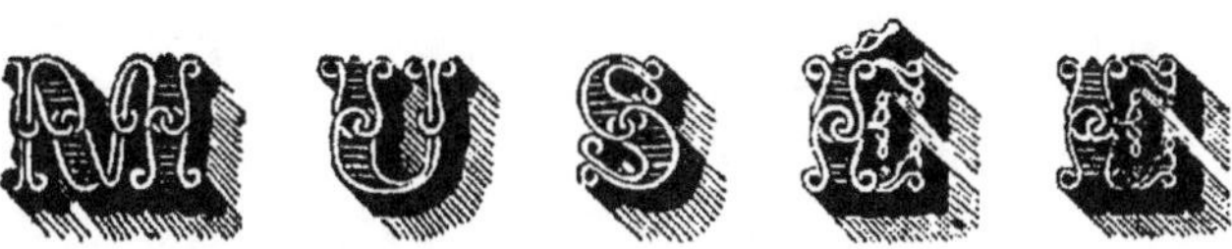


# D'AURILLAC

PRIX : 50 CENTIMES

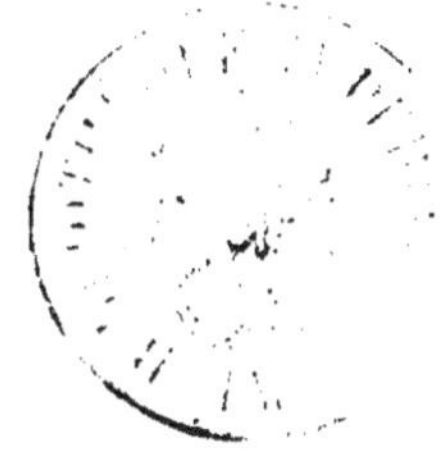

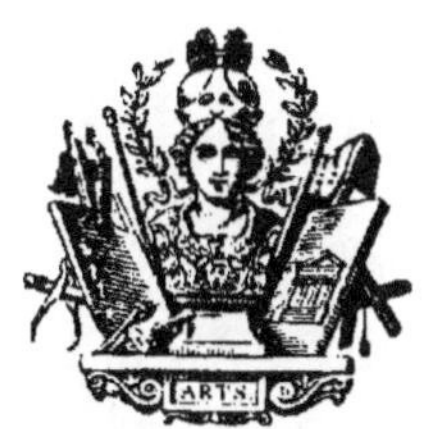


AURILLAC

IMPRIMERIE FERARY FRÈRES, LIBRAIRES, RUE NEUVE

IMPRIMEURS DE LA PRÉFECTURE ET DU CHEMIN DE FER

# ARRÊTÉ MUNICIPAL

## SUR L'ÉTABLISSEMENT D'UN MUSÉE A AURILLAC.

Nous, Maire d'Aurillac, chef-lieu de préfecture du Cantal, chevalier de la Légion-d'Honneur,

Considérant que la fondation d'un Musée de peinture honorerait notre ville, en même temps qu'il lui serait éminemment utile ;

Considérant qu'un pareil établissement donnerait satisfaction dans notre pays à trois besoins légitimes et d'un ordre très élevé; savoir :

1° Favoriser les études des élèves auxquels a manqué jusqu'à ce jour toute espèce de collection dans ce genre ;

2° Faire naître et propager les dispositions pour l'un des arts qui influe le plus peut-être sur le commerce et la richesse des nations;

3° Epurer enfin le goût du public ;

A ces fins, arrêtons :

Un Musée est fondé, dès ce jour, dans la ville d'Aurillac.

Appel est fait au patriotisme des habitants de la contrée en général, auxquels un pareil établissement profitera, pour qu'ils veuillent bien envoyer au Musée les tableaux dont ils pourront disposer et qui seront joints à ceux que nous avons sollicités du Gouvernement Impérial et qu'il nous a accordés.

Le nom du donateur sera gravé en caractères ineffaçables sur le cadre du tableau, afin de perpétuer la mémoire du don et la reconnaissance de la cité.

Le Musée est établi provisoirement dans une des salles de l'Hôtel-de-Ville, disposée à cet effet; lorsqu'il se trouvera enrichi d'un nombre suffisant de tableaux, ce que nous fait espérer prochainement l'honorable et intelligente initiative de quelques bons citoyens, il sera transporté à la Salle Electorale, rue du Collége, qui peut être facilement appropriée à cette nouvelle destination.

M. Eloy Chapsal, peintre distingué de notre ville, bienfaiteur de notre Musée naissant, en est nommé directeur. Il réglera, avec nous et une commission qui sera formée à cet effet, toutes les dispositions à prendre pour la formation intelligente et la conservation de cette collection.

Fait et arrêté en l'Hôtel-de-Ville, à Aurillac, le 5 février 1853.

LE MAIRE,

**H. DE PARIEU.**

# MUSÉE.

Cet établissement a été fondé par M. Hippolyte de PARIEU, officier de la Légion-d'honneur, maire d'Aurillac et député du Cantal. Quoique naissant encore, il compte à l'heure actuelle une assez grande quantité d'originaux de prix, et plusieurs excellentes copies des meilleurs maîtres. Grâce à l'intérêt soutenu que le fondateur porte à son œuvre, intérêt qui se manifeste par les dons qu'il a su obtenir du Gouvernement et des particuliers, et par le bon choix qu'il a fait du directeur, en la personne de M. Eloy CHAPSAL, et des membres de la commission administrative, nous pouvons augurer que notre Musée ne tardera pas à prendre un rang important parmi les établissements de ce genre.

### Directeur.

M. CHAPSAL, Eloy, peintre d'histoire.

### Commission Administrative.

M. DE PARIEU O ✠, maire, président.
— DURIF, juge de paix, vice-président.
— FERARY, Achille, secrétaire.

### Membres de la Commission.

M. GROGNIER ✠, ancien maire.
— BONNEFONS ✠, président du tribunal civil.
— SERIEYS, notaire.
— Baron DELZONS, juge.
— BESSE, ancien conseiller de préfecture.
— GENESTE, adjoint.
— RAMES, Germain, notaire.
— ALARY, Eugène, avocat.
— PARRA, Alphonse, architecte.

# EXPLICATION DES OUVRAGES

# DE PEINTURE, DE GRAVURE

## DE SCULPTURE ET DE DESSIN

### BÉRARD (Evremont de).

Don du Gouvernement sur la demande de M. H^te de PARIEU, député.
Ce tableau a paru à l'exposition de 1852.

### N° 1. Chasse au Tigre dans les plaines du Bengale.

Haut. 38 c. — Larg. 1 m. 41 c. (1)

### POUSSIN (Nicolas).

Copie par Parmentier. — Don du Gouvernement sur la demande de M. H^te de PARIEU, député.

### N° 2. Diogène jetant son écuelle.

Ce philosophe, se promenant aux environs d'Athènes, vit près d'une source un jeune homme qui, pour se désaltérer, buvait dans le creux de sa main. — « Tu m'apprends, dit-il, que je conserve du superflu, » et il jeta son écuelle.

Haut. 1 m. 69. — Larg. 2 m. 17 c.

(1) Mesure approximative.

## VAN-DICK,

Né à Anvers en 1598, mort à Londres en 1641. — Elève de Rubens. — Copie dont l'auteur est inconnu. — Donné par M. H^e de PARIEU, député.

# N° 3. Portrait de François Langlois, dit de Chartres,

Reçu libraire en 1634, il publia beaucoup d'ouvrages sur l'architecture et les beaux-arts. Il était fort habile à jouer de la cornemuse. On lit au bas de son portrait original : *Il n'y a orgue n'y autre instrument que la sourdeline ne surpasse étant touchée de cestuy-ci.*

Haut. 81 c. — Larg. 62 c.

---

## CHAPSAL (Eloy),

Né à Aurillac, élève de MM. Gros et Blondel et de l'école impériale des Beaux-Arts ; dans cette école il a obtenu quatre médailles. — Donné par l'auteur. — Ce tableau a paru à l'exposition de 1812.

# N° 4. Poëte mort à l'hôpital.

Sa voix mourante à son luth solitaire
Confie encore un chant religieux ;
Mais ce doux chant commencé sur la terre
Devait hélas! s'achever dans les cieux.

Haut. 1 m. 26. — Larg. 1 m.

---

## CHAPSAL (Eloy).

Ce tableau était à l'exposition de 1816. — Donné par l'auteur.

# N° 5. Pélerin.

Au milieu d'un vaste horizon et d'un ciel éclatant d'azur, un pélerin, déjà vieux, arrive à St-Jacques-de-Compostelle. Dans le lointain s'élèvent les tours de la vieille église. Le pélerin les a aperçues; mais, comme ébloui, il se détourne, inclinant, pour prier, sa tête fervente et recueillie.

Haut. 1 m. 70 c. — Larg. 1 m. 10 c.

---

## C. VERHUST (Belge).

Don de la Mairie d'Aurillac au Musée.

## N° 6. Portrait du général de division Milhaud,

Né à Arpajon, près d'Aurillac. — Ce portrait fut peint à Bruxelles, en 1808.

Haut. 2 m. 25 c. — Larg. 1 m. 62 c.

---

## HERSENT,

Membre de la Légion-d'Honneur. — Copie par Mlle Amic (Clarisse).

## N° 7. Portrait du roi Louis-Philippe.

Haut. 2 m. 56 c. — Larg. 2 m. 8 c.

---

## GÉRARD (baron).

Copie par un inconnu. — Don de la Mairie au Musée.

## N° 8. Portrait du roi Charles X.

---

## INCONNU.

Ecole hollandaise.

## N° 9. Paysage.

Une femme qui trait des vaches.

Haut. 53 c. — Larg. 71 c.

---

## CHAPSAL (Eloy).

Donné par M. GROGNIER, ancien maire d'Aurillac. — Ce tableau a paru à l'exposition de 1841.

### N° 10. Paysage.

Haut. 40 c. — Larg. 32 c.

---

## VERNET (Horace).

Copie par M. ELOY CHAPSAL. — Donné par la Mairie d'Aurillac au Musée.

### N° 11. La Procession du Pape dans l'église de St-Pierre de Rome.

Haut. 81 c. — Larg. 63 c.

---

## MONGINOT (Charles),

Né à Brienne-Napoléon (Aube), élève de Couture. — Donné par l'Empereur sur la demande de M. H^te de PARIEU, député. — Ce tableau était à l'exposition de Paris en 1861.

### N° 12. La Redevance.

Haut. 4 m. 8 c. — Larg. 6 m. 65 c.

---

## HUGARD (Claude-Sébastien),

Né à Cluses (Savoie). — Donné par l'Empereur sur la demande de M. H^te de PARIEU, député. — Ce tableau était à l'exposition de Paris en 1859.

### N° 13. Paysage.

Haut. 18 c. — Larg. 67 c.

---

## LARGILLÈRE.

Don de M. le baron DELZONS, juge.

**N° 14. Portrait d'un personnage du temps de Louis XIV.**

Haut. 80 c. — Larg. 64 c.

---

## DELACROIX (Eugène).

Copie esquisse par M. ISSARTIER (Louis). — Donné par l'auteur.

**N° 15. Dante et Virgile,**

Conduits par Plégias, traversant le lac qui entoure la ville de Dité. Des coupables s'attachent à la barque, ou s'efforcent d'y entrer. Dante reconnaît parmi eux des Florentins.

Haut. 38 c. — Larg. 50 c.

---

## JOSEPH VERNET (attribué à).

Don de M. CASTANIER, propriétaire.

**N° 16. Marine.**

Secours donnés à des naufragés.

Haut. 43 c. — Larg. 60 c.

---

## INCONNU.

Don fait par M. RENGADE, avoué. — Peinture russe apportée de Sébastopol.

**N° 17. Sainte-Vierge avec l'enfant Jésus.**

---

## MALATHIER.

Copie par M. LAGRILLÈRE. — Don de l'auteur.

### Nº 18. Paysage au pastel.

Haut. 36 c. — Larg. 41 c.

---

## Casey (Daniel)

Don de l'Empereur sur la demande de M. H^te de Garieu député

### Nº 19. Le martyre de St Hippolyte

---

## NATTIER (attribué à).

Ecole française du XVIII^e siècle. — Don de M. GAZARD, propriétaire à Naucelles.

### Nº 20. L'Amour désarmé (Portrait).

Haut. 1 m. 30 c. — Larg. 97 c.

---

## CHAPSAL (ELOY).

Donné par M^me la comtesse de SARRET.

### Nº 21. Sainte Félicité,

Offrant à Dieu le martyre qui l'attend.

Haut. 76 c. — Larg. 56 c.

---

## INCONNU.

École française du XVIIe siècle. — Donné par M. GAZARD, propriétaire à Naucelles.

### N° 22. Portrait d'homme.

Haut. 60 c. — Larg. 48 c.

---

## INCONNU.

Donné par M. le comte de SARRET.

### N° 23. Derniers moments de S. François d'Assise

Haut. 21 c. — Larg. 16 c.

---

## REMBRANDT.

Copie esquisse par M. Jules AMOUROUX. — Donné par l'auteur.

### N° 24. Portrait d'Homme.

Haut. 40 c. — Larg. 32 c.

---

## DESPORTES.

Copie par M. Louis ISSARTIER. — Donné par l'auteur.

### N° 25. Tête de Chien.

Haut. 20 c. — Larg. 27 c.

---

## PRUD'HON.

Copie par Mlle Marie CURTIS, élève de M. Eloy Chapsal. — Don de M. Eloy CHAPSAL.

### N° 26. Le Christ sur la Croix.

Haut. 40 c. — Larg. 30 c.

---

## VOILLEMOT (André-Charles),

Né à Paris. — Donné par l'Empereur, sur la demande de M. de PARIEU, député.

### N° 27. Velléda et Eudore.

« Guerrier, ton cœur reste tranquille sous la main de l'amour; mais peut-être qu'un trône le ferait palpiter. Parle : Veux-tu l'empire? Une Gauloise l'avait promis à Dioclétien, une Gauloise te le propose; elle n'était que prophétesse, moi je suis prophétesse et amante. Je peux tout pour toi. Tu le sais, nous avons souvent disposé de la pourpre. J'armerai secrètement nos guerriers. Teutatès te sera favorable, et par mon art, je forcerai le ciel à seconder tes vœux. Je ferai sortir les druides de leurs forêts. Je marcherai moi-même aux combats, portant à la main une branche de chêne. Et si le sort nous était contraire, il est encore des antres dans les Gaules, où, nouvelle Eponine, je pourrais cacher mon époux. Ah! malheureuse Velléda! tu parles d'époux et tu ne seras jamais aimée! » La voix de la jeune barbare expire; la main qu'elle tenait sur son cœur retombe; elle penche la tête, et son ardeur s'éteint dans des torrents de larmes.

(*Les Martyrs*, de Châteaubriant.)

Haut. 98 c. — Larg. 81 c.

---

## LÉVY (Emile),

Né à Paris. — Premier grand prix de peinture en 1853. — Pensionnaire de l'Académie de France à Rome. — Donné par l'Empereur sur la demande de M. de PARIEU, député.

## N° 28. Noë,

Ayant appris de quelle sorte l'avait traité son second fils Cham, dit : « Que Chanaan soit maudit. »

Haut. 1 m. 30 c. — Larg. 1 m. 95 c.

---

## VAN-DICK.

Copie par — Donné par l'Empereur sur la demande de M. de PARIEU, député.

## N° 29. Portrait d'homme vêtu de noir.

Haut. 1 m. 16 c. — Larg. 89 c.

---

## N° 30.

# COLLECTION DU MUSÉE SERIEYS.

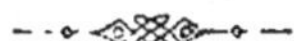

**Les 28 Tableaux et Gravures dont les Nos suivent sont dus à la générosité de M. SERIEYS, ancien notaire à Aurillac, qui, par testament, les a légués au Musée de sa ville natale.**

## HORACE VERNET.

Copie par M. Emile Lecomte.

## N° 31. Judith et Holopherne.

Haut. 1 m. 20 c. — Larg. 80 c.

---

## DELAROCHE (Paul).

Copie par M. Emile Lecomte.

## N° 32. Les Enfants d'Edouard.

Haut. 88 c. — Larg. 1 m. 6 c.

---

**WATELET (Louis-Etienne),**

Membre de la Légion d'Honneur.

**N° 33. Paysage.**

Site pris sur les bords de la Seine.

Haut. 56 c. — Larg. 81 c.

---

**GRONLAND (Théodore),**

Né à Altona (Danemark). — Ce tableau était à l'exposition de Paris en 1848.

**N° 34. Fleurs et fruits.**

Haut. 66 c. — Larg. 55 c.

---

**GOURDET (Michel-Gabriel-Grégoire).**

Ce tableau était au Salon de 1814.

**N° 35. L'Intendant.**

Intérieur d'appartement.

Haut. 38 c. — Larg. 50 c.

---

**SCHLÉSINGER (Henry),**

Né à Francfort-sur-le-Mein. — Ce tableau-portrait a paru à l'exposition de 1846.

**N° 36. La Romance.**

Une femme jouant de la mandoline.

Haut. 80 c. — Larg. 65 c.

---

### LONGUET (Marie-Alexandre).

Ce tableau a paru à l'exposition de 1848.

## N° 37. Le Déjeuner des Cygnes.

Haut. 55 c. — Long. 64 c.

---

### HOSTEIN (Edouard),

Né à Pléhédel (Côtes-du-Nord), membre de la Légion d'Honneur. — Ce tableau a paru au Salon de 1848.

## N° 38. Paysage.

Vue prise dans la forêt de Compiègne.

Haut. 80 c. — Larg. 59 c.

---

### RICHARD (M.-T.),

Membre de la Légion d'Honneur.

## N° 39. Paysage.

Entrée d'une forêt.

Haut. 56 c. — Larg. 48 c.

---

### CAMINADE (Alexandre),

Membre de la Légion-d'Honneur. — Ce tableau a paru au Salon de 1852.

## N° 40. Jeune fille d'Albano,

Démêlant ses cheveux.

Haut. 64 c. — Larg. 53 c.

---

CAMINADE (ALEXANDRE),

Membre de la Légion d'Honneur.

N° 41. **Jeune femme lisant une lettre**

Haut. 71 c. — Larg. 58 c.

---

CAMINADE (ALEXANDRE),

Membre de la Légion d'Honneur.

N° 42. **Jeune fille.**

Haut. 55 c. — Larg. 45 c.

---

BRUNE-PAGÈS (Mme).

N° 43. **Une jeune fille avec son petit frère,**

Au bord d'un ruisseau.

Haut. 32 c. — Larg. 24 c.

---

CHAPSAL (ELOY).

N° 44. **Portrait de M. Serieys (J.-J.-S.),**

NOTAIRE A AURILLAC,

**Bienfaiteur du Musée d'Aurillac.**

Haut. 65 c. — Larg. 55 c.

---

**WATELET** (Louis-Etienne),

Copie par Madame Huguet.

N° 45. **Paysage, effet du matin.**

Haut. 64 c. — Larg. 98 c.

---

**GUÉ** (Jean-Marie-Oscar),

Copie par Gambogi.

N° 46. **Le Panier de Cerises.**

Haut. 50 c. — Larg. 61 c.

---

**SCHOPIN** (Henri-Frédéric),

Membre de la Légion-d'Honneur. — Copie par Gambogi.

N° 47. **Jacob et Laban.**

Haut. 80 c. — Larg. 65 c.

---

**COUTURE** (Thomas),

Né à Senlis, membre de la Légion-d'Honneur. — Copie par un inconnu.

N° 48. **L'Amour de l'Or.**

Haut. 45 c. — Larg. 55 c.

# GRAVURES

**Faisant partie du Don de M. SERIEYS.**

JAZET (Jean-Pierre-Marie),

Né à Paris. — Membre de la Légion-d'Honneur. — Gravure avant la lettre, d'après Horace Vernet.

## N° 1. Agar chassée par Abraham.

JAZET (Jean-Pierre-Marie),

Gravure avant la lettre, d'après Horace Vernet.

## N° 2. Rebecca à la fontaine.

JAZET (Jean-Pierre-Marie),

Gravure avant la lettre, d'après Horace Vernet.

## N° 3. Thamar et Judas.

## MOREL.

Gravure au burin, d'après Poussin (Nicolas).

# N° 4. Le Jugement de Salomon.

---

## BOUCHER-DESNOYER,

Membre de l'Institut. — Gravure au burin, d'après Raphaël.

# N° 5. La Vierge au Linge.

---

## ROLLET.

Gravure avant la lettre, d'après Grenier, membre de la Légion-d'Honneur.

# N° 6. Les adieux de Napoléon I^er^ à son fils.

---

## PRÉVOST (ZACHÉE),

Né à Paris. — Membre de la Légion-d'Honneur. — Gravure d'après Léopold Robert.

# N° 7. Les Moissonneurs dans les marais Pontins.

---

## MASSARD.

Gravure au burin, d'après Girodet-Trioson.

# N° 8. Atala au tombeau.

---

## DESNOYERS (Auguste),

Gravure au burin, d'après le baron Gérard.

**N° 9. Bélisaire.**

---

## BOUCHER-DESNOYERS,

Membre de l'Institut. — Gravure au burin, d'après le tableau de Guérin.

**N° 10. Phèdre et Hippolyte.**

---

CLOTURE DES DONS DE M. SÉRIEYS.

---

RAYNOLD.

D'après Dubufe. — Gravure donnée par M. Auguste RAULHAC, architecte.

**N° 11. Souvenir.**

---

RAYNOLD.

D'après Dubufe. — Gravure donnée par M. Auguste RAULHAC, architecte.

**N° 12. Regrets.**

---

# SCULPTURE.

## COLLECTION DE MOULAGES EN PLATRE.

Don du Gouvernement, sur la demande de M. Mis de PARIEU, député.

OUDINET (EUGÈNE-ANDRÉ),

Né à Paris, Membre de la Légion-d'Honneur.

**N° 1. Psyché endormie.**

BARRE (JEAN-AUGUSTE),

Né à Paris, Membre de la Légion-d'Honneur.

**N° 2. Buste de Napoléon III.**

**N° 3. Antinoüs,**

*Buste antique.*

## N° 4. Mercure inventant la Lyre.

*Antique.*

DAVID D'ANGERS,

Membre de la Légion-d'Honneur.

## N° 5. Trois Bas-Reliefs,

*Episodes de la vie du Pape Sylvestre II* (GERBERT).

PASCAL (FRANÇOIS-MICHEL),

Né à Paris.

## N° 6. Un Chartreux en prière.

PASCAL (FRANÇOIS-MICHEL),

Né à Paris.

## N° 7. Un Moine.

INCONNU.

## N° 8. Charles VI et Odette.

## N° 9. Vénus de Milo.

*Antique (Réduction Colas).*

Cette belle statue a été découverte au mois de février 1820, dans l'île de Milo, l'ancienne Mélos, par un paysan grec qui travaillait à son champ. M. le marquis de Rivière, ambassadeur du roi à Constantinople, chargea M. le vicomte de Marcellus, secrétaire d'ambassade, d'aller à Milo faire l'acquisition de ce chef-d'œuvre ; l'activité et la fermeté de celui-ci eurent tout le succès que l'on pouvait désirer. M. le marquis de Rivière en fit hommage au roi qui l'a ajoutée aux autres monuments dont il a enrichi son musée.

*(Voir le livret du Musée impérial des Antiques.)*

---

## N° 10. Héros, dit le Gladiateur combattant.

*Antique (Réduction).*

L'auteur de ce chef-d'œuvre est Agasias, d'Ephèse. Son nom est gravé sur le tronc qui sert de support à la figure. Cette statue fut trouvée sous le pape Paul V, au commencement du XVIIe siècle, à Antium (Capo d'Anzo), où était un palais des Empereurs Romains. *(Voir le livret du Musée impérial des Antiques.)*

---

## N° 11. Diane à la Biche.

*Réduction.*

Il paraît que cette statue est en France depuis le règne de François Ier.

---

**N° 12. Apollon du Belvédère.**

*Réduction d'après l'antique.*

**N° 13. Lutteurs.**

*Réduction d'après l'antique.*

**N° 14. Amazone.**

*Réduction d'après l'antique.*

**N° 15. Aristide.**

*Réduction d'après l'antique.*

**N° 16. Sophocle.**

*Réduction d'après l'antique.*

**N° 17. Laocoon.**

*Buste antique.*

**N° 18. Niobé.**

*Buste antique.*

**N° 19. Auguste, Empereur.**

*Buste antique.*

---

**N° 20. Auguste, jeune.**

*Buste antique.*

---

**N° 21. Une fille de Niobé.**

*Buste.*

---

**N° 22. Deux fils de Laocoon.**

*Bustes.*

---

**N° 23. Brutus.**

*Buste.*

---

**N° 24. Caton.**

*Buste.*

---

**N° 25. Diogène.**

*Buste.*

---

**N° 26. Drusus.**

*Buste.*

---

**N° 27. Junon.**

*Buste.*

---

**N° 28. Jupiter triomphateur.**

*Buste.*

---

**N° 29. Faune à l'enfant.**

*Buste.*

---

**N° 30. Melpomène.**

*Buste.*

---

**N° 31. Mercure Grec.**

*Buste.*

---

**N° 32. Néron.**

*Buste.*

---

**N° 33.** **Néron enfant.**

*Buste.*

---

**N° 34.** **Apolline.**

*Buste.*

---

**N° 35.** **Agrippa.**

*Buste.*

---

**N° 36.** **Sapho.**

*Buste.*

---

**N° 37.** **Platon.**

*Buste.*

---

**N° 38.** **Virgile.**

*Buste.*

---

**N° 39.** **Asiaticus.**

*Buste.*

---

**N° 40. Tête d'enfant.**

---

**N° 41. Médicis et Borghèse.**

*Bas-relief.*

---

**N° 42. Iphygénie.**

*Bas-relief.*

---

**N° 43. Bacchus et Ariane.**

*Bas-relief.*

---

**N° 44. Silène.**

*Bas-relief.*

---

**N° 45. Faune et Bacchus.**

*Bas-relief.*

---

**N° 46. Faune avec Panthère.**

*Bas-relief.*

---

**N° 47. Un Homme.**

*Bas-relief.*

---

**N° 48. Un Jeune homme.**

*Bas-relief.*

---

**N° 49. Un Enfant.**

*Bas-relief.*

---

**N° 50. Saint Luc.**

*Bas-relief.*

---

**N° 51. Triomphateur.**

*Bas-relief.*

---

**N° 52. Victoire.**

*Bas-relief.*

---

**N° 53. Faunes.**

*Bas-relief.*

---

**N° 54. Tête d'Ange.**

*Bas-relief.*

---

**N° 55. Amour.**

*Bas-relief.*

---

**N° 56. Têtes diverses.**

*Bas-relief.*

---

**N° 57. Torse du Belvédère.**

*Fragment.*

---

**N° 58. Torse de Milon de Crotone.**

*Fragment.*

---

**N° 59. Jambe droite de Silène.**

*Fragment.*

---

**N° 60. Pied gauche du Gladiateur.**

*Fragment.*

---

**N° 61. Pied gauche de Vénus.**

*Fragment.*

---

**N° 62. Main de Bacchante.**

*Fragment.*

---

**N° 63. Flore.**

*Buste antique.*

---

**N° 64. Tête de Lion.**

*Fragment.*

---

**N° 65. Tête d'Aigle.**

---

**N° 66. Tête de Bélier.**

---

**N° 67. Rosaces.**

---

**N° 68. Têtes de Chimères.**

---

**N° 69. Feuilles d'acanthe.**

**N° 70. Griffon.**

**N° 71. Chapiteau.**

**N° 72. Guirlande de fruits.**

**N° 73. Pilastre.**

J. PEYRE.

**N° 74. Napoléon III.**

*Médaillon.*

J. PEYRE.

**N° 75. L'Impératrice Eugénie.**

*Médaillon.*

## N° 76. Diane de Gabies.

Grandeur d'exécution, comme pendant au *Mercure* de Duret.

*Académie.*

---

## N° 77. Faune à l'enfant,

Réduction Collas.

*Académie.*

---

## N° 78. Germanicus.

Réduction Collas.

*Académie.*

---

## N° 79. Esclave de Michel-Ange.

Réduction Sauvage.

*Académie.*

---

## N° 80. Tireur d'épines.

Grandeur d'exécution.

*Académie.*

---

## N° 81. Cérès du Vatican.

Grandeur d'exécution.

*Académie.*

---

**N° 82. Amour grec.**

*Buste.*

---

**N° 83. Ariane.**

*Buste.*

---

**N° 84. Atalante.**

*Buste.*

---

**N° 85. Vitellius.**

*Buste.*

---

**N° 86. Faune riant.**

*Buste.*

---

**N° 87. Bacchante de Soudry.**

*Buste.*

---

**N° 88. Bérénice.**

*Buste.*

---

**N° 89. Discobole.**

*Buste.*

---

**N° 90. Diane de Gabies.**

*Buste.*

---

**N° 91. Faustine.**

*Buste.*

---

**N° 92. Marc-Aurèle.**

*Buste.*

---

**N° 93. Minerve Medica.**

*Buste.*

---

**N° 94. Adonis.**

*Buste.*

---

**N° 95. Castor.**

*Buste.*

---

**N° 96. Homère.**

*Buste.*

---

**N° 97. Niobé fils.**

*Buste.*

---

**N° 98. Psyché de Naples.**

*Buste.*

---

**N° 99. Vénus d'Arles.**

*Buste.*

---

**N° 100. Vénus de Médicis.**

*Buste.*

---

**N° 101. Mains d'homme.**

*Fragment.*

---

**N° 102. Mains de femme.**

*Fragment.*

---

**N° 103. Pieds antiques**

Moulés sur nature.

*Fragment.*

---

**N° 104. Bras d'homme.**

*Fragment.*

---

**N° 105. Bras de femme.**

*Fragment.*

---

**N° 106. Tête de cheval**

Moulée sur nature.

---

**N° 107. Tête de chien**

Moulée sur nature.

---

**N° 108. Tête de sanglier.**

---

**N° 109. Tête de renard.**

---

**N° 110. Ecorché,**

par HOUDON.

*Statue.*

---

**N° 111. Jambe écorchée,**

D'après nature.

**N° 112. Bras écorché,**

D'après nature.

**N° 113. Pied écorché,**

D'après nature.

**N° 114. Main écorchée,**

D'après nature.

**N° 115. Tête écorchée,**

D'après nature.

**N° 116. Montant de rinceaux.**

(Renaissance.)

*Collection de l'Ecole des Beaux-Arts.*

**N° 117. Montant de rinceaux.**

(Renaissance.)

*Collection de l'Ecole des Beaux-Arts.*

**N° 118. Montant de vigne.**

(Renaissance.)

*Collection de l'Ecole des Beaux-Arts.*

---

**N° 119. Revers de feuille.**

(Moderne.)

*Collection de l'Ecole des Beaux-Arts.*

---

**N° 120. Etude d'aile,**

par CARTELIER.

*Collection de l'Ecole des Beaux-Arts.*

---

**N° 121. Couronnement de Style**

(Grec).

*Collectoin de l'Ecole des Beaux-Arts.*

---

**N° 122. Couronnement de Style**

(Grec).

*Collection de l'Ecole des Beaux-Arts.*

---

**N° 123. Réduction du tombeau de Scipion.**

*Collection de l'Ecole des Beaux-Arts.*

---

# DESSINS.

## DAVID D'ANGERS.

Don de Madame GROGNIER (veuve).

**N° 1. Portrait de M. Grognier,**

Ancien maire d'Aurillac.

## PAPETY (DOMINIQUE).

Grand prix de Rome, don de M. Jules AMOUROUX, artiste peintre.

**N° 2. Tête d'homme.**

Cette tête est dans le tableau *Un rêve de bonheur*.

## PAPETY (DOMINIQUE), *idem*.

Don de M. Jules AMOUROUX, artiste peintre.

**N° 3. Études**

Destinées au tableau *le Frappement du rocher*.

Qui valut à l'artiste le 1er Grand Prix de Rome.

**HUBERT (Jean-Baptiste-Louis).**

Don de M. Jules AMOUROUX, artiste peintre.

**N° 4. Paysage.**

---

**PARROCEL (J.-P.).**

Ecole du XVIII^e siècle. — Don de M. Jules AMOUROUX, artiste peintre.

**N° 5. Une femme assise.**

---

www.ingramcontent.com/pod-product-compliance
Lightning Source LLC
LaVergne TN
LVHW050452160826
845677LV00003B/747

* 9 7 8 2 3 2 9 6 7 5 5 3 4 *